Duas stening

Af samme forfatter:

Parisiske digte. BoD, 2020
Polardigte. BoD, 2020
Min mor blev ikke smuk, 2020

Reza Farmand

Duas stening

Duas Stening

@ 2020 Farmand, Reza

Forlag: BoD – Books on Demand, Hellerup, Danmark

Tryk: BoD – Books on Demand, Norderstedt. Tyskland

ISBN: 978-87-4302-909-0

E-mailadresse:
rezafarmand@yahoo.com

2. udgave

Indhold

Om bogens tilblivelse

I år 2007 fandt filmklip af steningen af Dua Khalil Aswad, en ung kurdisk yazidisk pige, vej ud i verdens store nyhedsmedier. Selvom klippene var stærkt redigerede indeholdt de forfærdende scener og rejste mange spørgsmål. Hvordan kunne dette ske? Jeg blev meget optaget af denne dybt ulykkelige begivenhed. I min søgen efter mere viden om tragedien faldt jeg over nogle ufiltrerede videoklip på internettet, som viste selve steningen. Det var disse film der inspirerede mig til at skrive nærværende digtsamling.

Duas legende 1

Duas blod varmer en legendes pulsårer
Jeg aner Duas legende
Rejser Dua sig i sin smerte
Vil hun så ikke blive større end Jesus?

Med intet sprog kan man nu
Ombinde Duas kvæstelser
Og gennem intet digt kan man nu
Betragte smerten i hendes øjne
Alene legenden kan nu være Duas nye land

Og Dua arbejder ihærdigt på
At skabe sin egen legende:
Hun hænger billedet af sit
Knuste ansigt op på væggen i sin legende
Hun stiller de blodige sten
På hylderne omkring sig
Hun gør den betonblok til bænk
Der knuste hendes kranium
Så sidder hun ved sin legendes vindue

Med tusindvis af spørgsmål,
Stirrende på himlen.

Duas legende 2

Duas legende fortæller:
Stenalderen er forbi
Nu om dage åbnes landenes vinduer
Ind i hinandens hjem
Kaster du med sten
Rammer du uventet verdens øjne

Duas legende fortæller:
Med intet flag, intet bredt slips
Og med ingen religion og trosretning
Kan man dække steningspladsen over

Duas legende fortæller
Har du ikke fattet kvinden,
Vil selv insekterne overhale dig.

Duas legende fortæller
Dannelsen skal tale med benene
Det er for let at have det hele i munden.

Duas legende 3

Duas legende blottede krystalklart for alle
De kæmpestene der presser
Østens bremse ned

Duas legende blottede krystalklart for alle
De mægtige bjerge
Der står i vejen for Østen

Duas legende blottede krystalklart for alle
Østens haltende gang
Og dens stenørkener

Duas knuste blod

Dit blod er knust
Ingen vil uforsigtigt nærme sig.
Dit blod er byrdefuldt
Ingen religion og ingen regering
Ønsker at bære over skuldrene
*
Dit blod må skrives sådan
At hverken by eller land kvæstes
*
Stenene vil ikke se dit blod sammen
Med dets farve
Stenene vil ikke se dit blod sammen
Med dets smerte
Stenene ønsker ikke
At høre når dit blod knuses
Stenene fatter ikke dit blod, Dua!
De kan ikke se
Nøglerne oplagret i dit blod
De kan ikke se
Vejene oplagret i dit blod

*
De urgamle tider
Har strømmet i dit blod
Tusinder af vilde stammer
Har sat spor i dit blod
Af dit blod kan man
Opbygge et laboratorium
Af dit blod kan man
Øse tusindvis af spørgsmål
Over ordene.
I dit blod kan man spotte troens cancer
I dit blod kan man
Identificere ordets stenede mikrober
*

Dit blod er undsluppet fra stenene Dua
Dit blod er fløjet bort fra ringen af spark,
Fra raseriets summende inferno
Dit blod har nået vejen
Dit blod har nået bevågenheden
Dit blod har nået sin stemme, Dua
Dit blod har genfundet
Sin farve og sit skrig, Dua
Dit blod er atter blevet blod, Dua
Dit blod er blevet frit, Dua.
*

Nu da frihed har opdaget dit blod
Nu da frisind står op for dit blod
Nu da renhed står ved siden af dit blod
Vil ingen by, ingen landsby
Og ingen religion spejles i dit blod.

Dit blod er nu blevet så ærværdigt
At man kan gøre det til en helligdom
Dit blod er nu blevet så ordrigt
At man kan gøre det til en skole

Der kommer en dag hvor
Østens stenede hænder
Vil bladre i dit blod
Som i den reneste af alle bøger

Stening af fremtidens påfugl*

I Bashika
Den syvende april
Plukkede de vingerne af
Hastighedens skønne påfugl
I levende live
På midten af pladsens lysvågne øjne

I Bashika
Den syvende april
Stenede de fremtidens skønne påfugl
Sønder og sammen
På midten af pladsens lysvågne øjne

I Bashika
Den syvende april
Slår de med larm og uroens sten
Renhedens skønne påfugl
Til jorden
Lige overfor grådige blikke

I Bashika
Den syvende april
Flåede de frihedens skønne påfugl
I levende live
Med tænder og kløer og sten
Lige overfor kameralinsernes iskolde øjne

Steningspladsens rædsel

En orkan af spark og sten
Omhvirvlede Duas liv
Den syvende april
På Bashikas plads

Hvor rasende flåede
Mændene hendes liv i stykker
Hvor huggede de med sindsro og spidse sten
Deres æres hårde mening i hendes kranium

På pladsen i Bashika
Var der ikke et øje der gav hende ly
Var der ikke et opråb der gav hende ly
Og der var ikke et eneste spørgsmål,
Der skærende kom hende til undsætning

Under stormen af sten og svovlings rovdyr
Havde Dua
Afskærmet sine øjne med sine øjne
Afskærmet sit ansigt med sit ansigt
Afskærmet sit blod med sit blod

Afskærmet sine kvæstelser med sine kvæstelser
Og sin smerte med sin smerte
*

Jeg har efterladt mine øjne
I rædslen på steningspladsen
Jeg har efterladt mit ansigt
I rædslen på steningspladsen
Jeg har efterladt mit blod
I rædslen på steningspladsen
Jeg har efterladt min ømhed
I rædslen på steningspladsen

Duas agtede ære

Den syvende april
På Bashikas plads
Huggede de med skarpe sten
På Duas krop
Som de ville

Den syvende april
På Bashikas plads
Knuste de Duas blide liv
Som de ville

Den syvende april
På Bashikas plads
Skændede de Duas dyrebare ære
Som de ville

Dua er verdens mest knuste brud

Dua er blodets brud
Dua er fortielsens brud
Dua er verdens mest knuste brud

2
Dua var et fuldendt og pulserende liv
Med et baskende hjerte

3
Dua var renere end vandet
Dua som verden var vidne til
Var finere end kærligheden

4
Dua var også selv en påfugl
Dua var også selv en Venus
Og det dristigste blod
Strømmede i hendes hjerte

5

Dua var på omgangshøjde
Med vældige skridt
Dua var på omgangshøjde
Med spørgsmål og dristighed

6

Dua vidste ikke
At man havde gravet en grav for kysset
Dua anede ikke
At man havde lagt en fælde i kærtegnet
Og man havde bundet
Kærligheden sammen med
En lavine af sten og opstandelse

7

Er det da ikke ordene
Der ophøjer byerne?
Er det da ikke ordene
Der endevender de vanskeligste spørgsmål
Duas hjerte var det frieste af alle ord

8

Duas liv var kortere end en fest
Kortere end et spørgsmål
Hvordan skulle hun kunne krænke
En klans ære?

9
Hvor dejlig en søster
Kunne livet have været for Dua!
Hvor dejlig en sommerfugl
Kunne lykken have været for Dua

En stamme fuld af mænd

En stamme fuld af mænd
Med stentænder
Flænsede Dua rasende
Ved højlys dag

2
Stammens bissen:
Strøm af kløer og tænder
Strøm af ulve og sten.

3
Hvor nemt forvilder klanen sig i byen
Hvor nemt drøner klanen over for rødt lys

4
De havde bortfjernet
Vingerne fra Duas betydning
De havde bortfjernet
Vejene fra Duas betydning
De havde bortfjernet kærligheden

Fra Duas betydning
De havde endda bortfjernet mennesket
Fra Duas betydning
Hvordan har disse folk opfattet
Kvindens betydning?

5

De plukker vingerne af
En yndig og livfuld påfugl
Så bukker de for
Ikonet af en antikveret påfugl

6

Klanen forstår stenen
Klanen siger hviskende:
Hvorfor alt det postyr?
Forbandet være mobiltelefoner

7

Med alle de stengloser
Vil I da også synge?
Med alle de sten i hjerterne
Vil I da også flyve?

Uden at nogen hævede et øjenbryn

Den syvende april
Kylede de løs mod Duas ansigt
Med sten der kunne nedlægge
En hvilken som helst tyr
Uden at nogen hævede et øjenbryn

2
Den syvende april
Tørnede Bashika hårdt ind i Duas liv
Og byens ørkener fløj mod verdens ansigt

3
Den syvende april
Stormede Baskhika ud af sin stengrotte
Med tusinder af hoveder
Og sønderrev Dua brølende

4
Den syvende april
Blev Bashika ramt af
Alle de sten og sagde intet

Den syvende april
Hørte Østen ikke
Duas blods tordenbrag

5
Den syvende april
På pladsen i Bashika
Var der ikke en eneste sjæl
Der sagde stenene imod

Steningen besmittede Bashika

På Bashika pladsen
Var der et virvar af mænd og mænd
På Bashika pladsen
Var der store og spidse sten og sten
På Bashika pladsen
I midten af den stramme ring
Af sten og postyr og død
Var der Duas sårskader

2
60 stenkast et hvert minut
60 spark et hvert minut
Blive ved med at brække det brækkede!
Blive ved med at knække det knækkede!

3
Under styrtregn af skarpe sten
Var Duas ynde
Forsvarsløs

4

I Bashika
Er de store ord blevet hule
I Bashika
Er de store veje blevet blinde
I Bashika
Er de store spørgsmål blevet forvitret

5

De flænsede Duas blod
Med skarpe sten
Og lod en verden af latter,
Blikke og drømme løbe ud

6

Steningen
Besmittede Bashika som en pest
Og strømmede gennem
Kurdistans renhed og blidhed
Som et virak af blod og knogler

Stenene og verdens øjne

Duas blods lynild
Sprøjtede på verdens ansigt

2
Hvor godt at verdens øjne straks
Opdagede steningspladsen

3
Verden
Overraskede religionens stenede hånd
I Duas blod

4
Verden tillod ikke
Stenen og Bashika og fortielsen
At definere Duas ære.

5
Verden viklede Dua ind
I sine skønneste gloser
Verden tillod ikke Bashika
At ændre på Duas betydning

6

Hvor hurtigt retter magten
Og religionen på deres slips
Når verden åbner munden.

7

Hvis ikke linserne havde bragt
Duas blod i verdens søgelys
Hvem ville så fjerne betonblokken
Fra hendes navn?

8

Hvis ikke stenene
Havde ramt verdens øjne
Hvem havde så udløst
Alarmen over Duas blod?

Duas blod udfordrer en religion

Duas blod udfordrer en religion,
Udfordrer et land
Duas blod bryder harmonien
Mellem rovdyr og mennesker
Duas blod er ikke til at spøge med

2
Duas blod er fyldt med spor af veje
Duas blod er fyldt med spor af frihed

3
Duas blod taler med alle ordene
Duas blod gør enhver ørneflugt ydmyg.

4
Man kan trække
Tusinder af vinger ud af Duas blod
Man kan trække
Tusinder af ord ud af Duas blod

5
Duas blod
Er et enormt akademi
Duas blod kan skole
Enhver religion

Diamanten af Duas blod

Diamanten af Duas blod
Med røde spørgsmål
Stirrer fortsat på Kurdistans øjne

2
Duas blod
Banker rødligt, rødligt
I spørgsmålene

3
Duas blod
Blev til spørgsmålstegn
Hvor end det dryppede

4
Nu sover religionens sten
Og tumulten er vendt tilbage til sin grotte
Duas blods spørgsmål dog
Forbliver lysvågne med røde øjne

Dua har sat Kurdistan i en kattepine

Dua har sat døden i en kattepine
Dua har sat Kurdistan i en kattepine

2
Hvad skal Kurdistan nu stille op
Med alle de spejl som holder sig vågne
i dets dyb?

3
Dua kunne iføre Bashika
Sine påfuglevinger
Dua kunne få Bashika
Til at flyve afsted

4
Findes der da en fugl
Med fjerdragt fyldigere end forelskelse?
I et land hvor kærlighed er en forbrydelse
Må alting være vendt på hovedet

Tordenbraget fra Duas blod

Er det da muligt
At himlen over Kurdistan
Ikke kan rumme en kvindes vinger?

2
I sin legende spinder Dua
Tystheden af kurdiske kvinder

3
Tordenbraget fra Duas blod
Vil flænge Kurdistans sten
Tordenbraget fra Duas blod
Vil opvække det kvindelige Kurdistan

Religionen i stue med stenen og døden

Hvor nemt sidder religionen
I stue med stenen og døden
Hvor let skifter religionen farve
Hvor fredfyldt definerer religionen
Blodet som den vil
Hvor roligt rejser religionen
Sine stengrænser i kvindens liv

2
Sikke mange monstre man ikke kan føre
Igennem religionens vidtåbne port!
Sikke mange sten man ikke kan
Dynge op i dybet af religionen.

3
Sikke mange sten
De har lagt i vejen for kys
Sikke mange grave
De har gravet i vejen for kærtegn

Hvor har de dog sammensmeltet
Døden med elskoven

4
Bliver religionen nogensinde
Så rummelig som Duas hjerte?
Bliver Kurdistan nogensinde
Så rummelig som Duas hjerte?

5
En olding messer en bøn
Med støvede vers
Og ændrer menneskets betydning

6
Hvor man dog klæber menneskene sammen
Med troens klister
Og skaber et monster!

Intet kan høres i stenene

Intet kan høres i stenene
Det er i ordene at Duas blod
Høres bryde bragende ud
Som en større tragedie

2
Renheden er ikke lydløs
Blidheden er ikke lydløs
Og Duas blod var ikke tavst
Det er i ordene at
Duas blod bruser

3
Hvorfor er ordet så fjernt?
Hvorfor er stenen så nær?
Hvorfor er spørgsmålet så fjernt?
Hvorfor er religionen så nær?

4

Skønhed kan ikke sidde i stue med stenen
Ordet kan ikke sidde i stue med stenen
Ømhed kan ikke være i stue med stenen
Hvilket frisindet ord vil omgås stenen?

5

Duas legende prentede
På verdens pande med klar rød skrift:
At det trangeste af alle fængsler
Findes i ordene
Og det er lige netop derinde
At mennesket bliver til sten

Som en knude af blod

Som en knude af blod
Er du viklet om mine ord
Jeg skriver for at løsne det

2
Dit blod efterlader mig
Med de mest knuste spørgsmål
Og i de mest blodige ensomheder

3
Netop som jeg berører dit blod
Vækkes de større spørgsmål

4
I dybet af de reneste ord
Lytter min poesi
Til dit blods melodiøse sange

5

Jeg skriver dit blod
For at forblive et menneske

6

Netop som jeg går i gang med at skrive
Overhaler dit blod alle ordene.

7

Hver dag indsnuser jeg
Dit blods friske spørgsmål
Gennem have, vande og himlen
Og skriver ned.

8

Dit blod holder mine ord i hånden
Og tager dem med sig rundt
Til øde hjørner af parker og skove
Så sidder det roligt ved siden af mig
Uden at bede om noget.

9

I mit hjerte, i mit blik, i min tavshed
Modnes dit blod i klaser
Du har gjort mig frodig, Dua

10

Nu indser jeg
I dit blod spærrede man veje af med sten
I dit blod knuste man de større spørgsmål
Nu indser jeg.
I dit blod tilsmudsede man
Menneskets værdighed

11

Ved siden af dit blod
Er jeg blevet skønnere, Dua
Ved siden af dit blod
Er jeg blevet et bedre menneske

12

For at mindes dit ærværdige blod
Har mine reneste ord
Ofte afholdt stilhed

13

Fremtiden, latteren, visdommen
Uskyldigheden, skønheden
Er alle runde på gulvet
Over din død

14

Inde i mine øjne
Har du fulgt mig til Baku, Dua
Du smelter alle udsigterne

15

Du var behændig, Dua
Du havde en fyldig fjerdragt, Dua
Du kunne flyve med alle hastigheder.

16

Endnu er du mine øjnes kær
Og i det øjeblik jeg renses,
Regner du!
Endnu forstener du min tavshed

17

Vi skal på vingerne, Dua
Se så at komme i gang
Jeg bærer dine kvæstelser

Jeg evner ikke at skildre Duas blod

Det er ikke let at fremstille steningen:
Dens sten er fuld af blodige
og mørke betydninger

2
Jeg formår ikke at sprogliggøre steningen
Der resterer altid en sten uskrevet
Der resterer altid et sår uskrevet
Og når jeg så sporer stenen tilbage
Forvildes jeg i instinktets vildnis
Og ind i mørke grotter

3
Jeg formåede ikke at skildre Dua
Og har altid haft hundredvis af stens afstand
Til hendes knogler og smerte.

4
Jeg vil have
En ny betydning af stenen
En ny betydning af mennesket
En ny betydning af religionen
For at kunne poetisere Duas blod

Man kan ikke få fred i Duas blod

Jeg skubber stenene til side
For at skriften fra Duas blod
Bliver synlig
Jeg udsøger Duas skrig
Fra dybet af brølene og huje-råbene

2
Duas knuste knogler sidder fast
Blandt mine kvæstede gloser

3
Man kan ikke få fred i Duas blod:
I Duas blod bliver jeg udmattet
I Duas blod bliver jeg knust

4
Fuglene lander i hendes blod
Hendes blod kan ikke beskrives
Uden himlen

5

Når det kommer til Dua, knuses jeg
Hvad enten i gaden,
Caféen eller under rejse.
Når det kommer til Dua
Smelter min poesi

6

Jeg formår ikke at digte Dua
Gloser og brølelyde og rovdyr og mennesker
Løber sammen i ét nu

Med Duas blod

Jeg har renset
Mine ord for sten i Duas blod
Jeg har fløjet
Mine ord i Duas blod
*

Ved Duas blod er min poesi fri
Ved Duas blod er min poesi den reneste
Ved Duas blod er min poesi den stolteste
*

Med Duas blod
Har jeg opdaget en ny puritet.

Min poesi er dit blods lillesøster

Dit blod
Er blevet min poesis mantra.

2
Min poesi
Er dit blods lillebror
Min poesi
Er dit blods lillesøster

3
Min poesi er fyldt med
Dit blods afplukkede blomsterblade

4
Når jeg først renser mig for stenene
Kan jeg høre dit blods friske digte
Dråbe for dråbe

5

Min poesi besynger dine betydninger, Dua
Min poesi priser dine veje
Ved siden af dit blod
Holder min poesi hovedet højt

6

Min poesi har plukket
Dit blod klase for klase
Min poesi har vokset sig i dit blod

Min poesi tordner i Duas blod

Jeg planter Duas blod i min poesi
Og står tavs
Overfor de reneste vande
Og de reneste solstråler

2
Min poesi føres ud i Duas blod
Min poesi knuses i Duas blod
Min poesi renses i Duas blod
Min poesi tordner i Duas blod

3
Min poesi har på intet tidspunkt
Haft en finere betydning end Dua
Min poesi har på intet tidspunkt
Haft en renere betydning end Dua

4
Min poesi anser ikke nogen helgener
For at være renere end Dua
Min poesi anser ikke nogen gudinde

For at være renere end Dua
Min poesi anser ikke nogen påfugl
For at være skønnere end Dua

5
Jeg har funderet over moderens betydning
Jeg har funderet over troens betydning
Jeg har funderet over renhedens betydning
Min poesi har på intet tidspunkt haft en så
Ophøjet betydning som Dua.

Lyset fra dit blod

Dit blod rummede
Tidens frieste gloser
Dit blod var stort
Dit blod udstillede
Religionens bestialske væsener
Krystalklart for alle.

2
Lyset fra dit blod
Vil ikke gå ned i Kurdistans gloser
Lyset fra dit blod
Vil ikke gå ned i verdens gloser
Lyset fra dit blod
Vil stige op gennem
Ethvert oprigtigt spørgsmål

Dua vil blive en større påfugl

Duas blod
Suger verdens gloser til sig
For at fuldende sin legende

2
Dua vil rejse sig i ordene
Dua vil blive en større påfugl

3
Duas vingefyldte blod
Vil lægge Bashika bag sig.

4
Dua vil vende tilbage til Kurdistan
Sammen med alverdens gloser
Dua vil lette stenene for sin stamme.
Dua vil få stenene af sin stamme til at flyve.

5
Duas blod er frihedens strålende kort
En bro fremtiden
Ikke kan andet end passere

Dit blod podes med al skønhed

Dit blod podes med al skønhed
Dit blod vil blive
Verdens skønneste påfugl

2
Dit blod viste at alle endnu ikke har
Lært at læse og skrive kvinden
Dit blod viste at alle endnu ikke har
Lært skønhedens simple sprog

3
Dit blod viste
At religionen har mange liv
Og den kan endda overleve i sin død

4
Dit blod viste
At selv ordene
Bliver betændte.

Stenene har endnu ikke nået ordet

Hvordan kan man dog forveksle
Kvindens blide tidsalder
Med den barske stenalder?

3
Stenene har endnu ikke nået vejen
Stenene har endnu ikke nået ordet
Stenene er endnu ikke nået
Til begyndelsen af noget som helst

3
Hvor længe skal man studere Dua
For at kunne rejse fra stenen til ordet

4
De oplæres ikke i at lære kvinden
Hvad havde de mænd overhovedet
Lært om Duas blod?

Den globale landsby

De troede at de nemt
Kunne udgyde Duas blod
Ud i religionens og klanens afløb

2
De vidste ikke at deres afstand
Til den globale landsby kun var
Så kort som et skrig
Så kort som et stenkast.

Fortielsen

Fortielsen er ikke Duas blods betydning
Hele verden har opfattet dette nu.
*

Fortielsen kan ikke blive til love
Fortielsen kan ikke blive til dommer
Fortielsen kan ikke blive til en sagfører, en domstol
Fortielsen kan ikke foretage en obduktion af ofret,
Røntgenfotografere de knuste knogler
Eller interviewe vidnerne
Fortielsen kan ikke lytte til Duas blods fortællinger
Fortielsen bliver omsider til sten
Fortielsen bliver omsider til flokkevis af mænd

Klansamfundet og Duas blod

En by skal sættes til at undersøge dit blod
Klansamfundet har ikke lært dit blod

2
Sikke man har blandet livet
Med stenen i klansamfundet
Sikke man har blandet døden
Med livet i klansamfundet

3
Først efter at have læst og forstået kvinden
Bliver et stammesamfund til en by

4
Ethvert stammesamfund
Der forstår Duas blod bliver en by
Enhver by der forstår Duas blod
Bliver en fugl.

Med venner som stening (korte digte)

Den jord der lynhurtigt
Udtørrer kvinders blod
Er ikke rig på ord

2
Æren skal fyldes
Helt ud med friheden

3
Med venner som stening
Trænger et land ikke til fjender

4
Hvor skal man da begynde
Når et menneske ikke har lært
Sin egen betydning?

5
Tragedien ligger dér
Hvor stenene brølende
Tramper hastigheden ned.

6
Troen sammenblander
Sommetider ubesværet
Mennesket med vildnisset!

7
At tysse vil gavne stenene
Råber man ikke op
Vælter stenene ikke

8
Dua i Kurdistan fandt ikke
En lille hastighed
For at springe på

9
Duas påfuglevinger
Kunne ikke rummes i Østen

10
Dua kunne blive en hvilken som helst
Sommerfugl i Vesten.
I Vesten kunne Dua blive
Frihedens perleveninde
I Vesten kunne Dua føre
Hundredvis af klaner mod byer

11
Verden læser ikke længere
Stenens hårde skrift.

12
Hvor end Dua ikke kan færdes
Er der sten!

13
Vingerne skal ikke gøre sig mindre
Himlen må udvide sig
Kærligheden skal ikke gøre sig mindre
Ordene må udvide sig

14
To svaler blander deres fløjten og flugter
Sammen blandt blomsterne
Blomster og svaler er så meget tættere på Dua
End sten og mennesker

15
Dua er et dybt, højt agtet
Og udbredt spørgsmål
Ingen religion og ingen regering
Kan vende hende det døve øre til

16
Når jeg tænker på dit blod
Føler jeg mig ensom

17
Duas blod har nu gjort sig fri
For alle familieklaner og sten

18
Hvis du ikke formår at læse Duas blod klart
Så har du indoptaget din tros sten

Dit blod hører ikke op

Hvor meget jeg end skriver
Hører dit blod ikke op

Hvor meget jeg end skriver
Løsner det sig ikke
Det stramme greb af kløer
Og tænder og sten omkring dine kvæstelser

Jeg er så træt af at skulle definere
Dit blod til alle de fortielser

Jeg er så træt af at skulle fremvise
Dine kvæstelser til alle de sten

Hvor godt at verden
Aflæser dit blod rigtigt
*
Hvor meget jeg end skriver
Hører dit blod ikke op

Duas blods sirene

Lyden af dit blods sirene
Vil skære igennem luften
I det kvindelige Kurdistan

Lyden af dit blods sirene
Vil skære igennem luften
I det kvindelige Bashika

Verden har dråbe for dråbe opfattet
Dit blods dybe betydning

Ingen sten vil overgå dit blod
Ingen brølelyd vil
Overdøve dit skingre skrig
Ingen religion vil formå
At forurene din renhed
Og ingen forbenet vil kunne måle sig
Med dit blods dannelse

Lyden af dit blods sirene
Vil skære igennem luften
I det kvindelige Kurdistan

Skønheds påfugl

I Københavns forlystelsespark
Kunne Dua sidde ved vinduet
I sin krop hvordan hun end ville

I Københavns forlystelsespark
Kunne Dua iføre sig en kjole af vin
Og danse yndefuldt
Blandt glædesråbene og springvandene

I Københavns forlystelsespark
Kunne Dua blive dronning af sin munterhed
Og spille på sin ungdoms tangenter
Hvordan hun end ville

I Københavns forlystelsespark
Kunne Dua blive sin skønheds påfugl
Og skænke sin kærlighed
Til hvem som helst hun ville
I frihedens milde øjne

Duas blods Scheherazade

Duas blods Scheherazade
Vil påfylde Kurdistans stenhårde gloser
Bløde fortællinger.

Duas blod er nøgler, i klaser
Duas blod er forgrenede veje
Duas blod er den eneste kilde
Sprunget op i Bashika

Med Duas blod kan man
Opvække hvilken som helst koma

Med Duas blod
Kan man skabe et nyt sprog

Med Duas blod
Kan man skabe en ny kultur

Med Duas blod
Kan man skabe et nyt menneske

Millioner af mennesker kan nemt rummes
I hendes blod

Med Duas blod
Kan man skabe en ny religion
Hvor ikke ét eneste ord er af sten

Duas dag

Dua har sat verdens reneste gloser i oprør
Kurdistan kan ikke overse
Denne puritetens blomstrende træ

Hvor i Kurdistan er noget nu
Frodigere end Duas blod?
Hvilket spejl i Kurdistan er nu
Klarere end Duas blod?
Hvilken vej i Kurdistan er nu
Bredere end Duas blod?
Den fremtid der ikke
Går igennem Dua, er ikke fremtid

Med veje og lys
Vil Dua efter en jordomrejse
Vende tilbage til Kurdistan
Dua er ikke den pige der overlader sit land
I kløerne på sten og fortielse

Kurdistan vil dråbe for dråbe
Nedskrive Duas blodige legende
Kurdistan vil bestråle sine veje
Med Duas blods vældige lys

Kurdistan vil knejsende
Døbe den syvende april
Hjertets dag, Duas dag
Og holde andægtig stilhed
Med himlen og jorden
I mindet om hende

Vil I da også kaldes mennesker!

I har endnu ikke renset jeres ord for sten
Vil I da også flyve?

I graver en grav for kærtegnet og kysset
Vil I da også være livsvejledere?

I har endnu ikke defineret
En simpel kærlighed
Vil I da også være verdens bannerførere?

I knuser menneskets kranium
Som en valnød i søgen efter synd
Vil I da også kaldes mennesker?

Østen og Vesten af Duas blod

Lad dem sige hvad de vil
Det var Vesten der opdagede Duas blod
Østen ind i de kvindeløse tehuse
Kastede et blik
Mellem to sug på vandpiben
Hen på Duas blod
Og skiftede emne

Lad dem sige hvad de vil
Det var Vesten der opdagede Duas blod
Det var Vesten der fik
Duas blod til at farve forsiderne
Det var Vesten der lyttede
Opmærksomt til Duas blod
Det var Vesten der råbte advarende
Til stenene i Østen: Hallo dér!
Dua er da et menneske
Og endnu er det Vesten
der med sine spørgsmål
Afsøger Duas grav.

*
Lad dem sige hvad de vil
Det var Vesten der opdagede Duas blod

Stenen ville definere dit blod

Stenen ville definere dit blod
Det var dit blod der definerede stenen

Religionen ville definere dit blod
Det var dit blod der definerede religionen

Fortielsen ville definere dit blod
Det var dit blod der definerede fortielsen

Alle halter nu efter dit blod
De renser sig i hast for deres sten,
Og vasker blodet fra deres ord og fortielser

Det er som om
Alle er blevet forstenet nu
Over dit blods vidunderlige betydning

Hvor godt definerede dit blod
Stenen, fortielsen og religionen

Ærens og religionens grænser

Hvorfor trækker I dog ikke
Jeres æres grænse, jeres religions grænse
Igennem jeres eget liv?

Hvordan kan Kurdistan fremover skjule
Sin tros kæmpe, skarpe sten bagved
Bløde fraser?

Hvordan kan Kurdistan fremover
Begrave Duas sammenkrøllede krop hemmeligt
Lige for øjnene af alle de spørgsmål
Al den foragt?

Er tiden rådnet i Bashika?
Er hastigheden forstenet i Bashika?

Dua, troede på sit modige hjerte!
Og havde lagt sin stenklan bag sig.

Hvor ærgerligt! Hvor ærgerligt!
Dua var tidens friske luft.
*
Dua blev stenet i synet af Kurdistan!
Dua blev stenet i fortielsen af Kurdistan!

Stening 1

Stening er et rovdyr
Der kaster med sine tænder
Stening er et fælles rovdyr
Stening er rasen af spermens nidkærhed
Stening er de levende stens religiøse dans

Stening 2

Ingen siger højt
At steningen ikke er dét dyr
Der kan tæmmes
Og den aldrig
Må lades alene med mennesker

Steningen er troens stensvulst
Med ingen hellig sminke
Kan man føre steningen
Ind blandt mennesker

Stening, hvad det end måtte være,
Er langt, langt borte fra menneskets grænser
Stening, hvad det end måtte være,
Er langt langt, borte fra ordets grænser.

Stening 3

Stening er et vejknusende ritual
Stening er et ordknusende ritual
Stening er en lysende manifestation
Af stenenes frygt for ord
Stening er en lysende manifestation
Af stenenes skræk for vinger
*
Stening er et spørgsmåls-dræbende ritual
Stening er et hastigheds-dræbende ritual

Stenalderen og kvindens tidsalder

Hvor nemt kan troen blandes med stenen
Hvor nemt kan troen blive døvstum
Hvordan kan man dog forveksle
Kvindens lyse tidsalder
Med den mørke stenalder?

Kan en klan, der kommunikerer gennem sten
Og ikke kan udstå en simpel forelskelse
Også have en fremtid?
Må have en fremtid?

O, du udkørte land!
Hvordan vil du standse
Duas blod fra at synge nu?
Hvordan vil du hele hendes maltrakterede liv?
Og hvordan vil du udslette
Fra verdens bevidsthed
Hendes knoglers blodige og skingre skrig?

O, du udkørte land!
Hvordan vil du nu flyve op
Fra din hårde jord uden Duas vinger?

Duas lod

Hvad var Duas lod
I Kurdistans glansfulde fortid?
Hvad var Duas lod
I Kurdistans frodige jord?

Hvad ejede Dua i Kurdistan?
Kunne hun galoppere sine ord som en hest?
Kunne hun lune sin sjæl
Og sit legeme med en kærlighed?
Kunne hun holde en lille fest i sin krop?
Hvad ejede Dua egentlig i Kurdistan?

Var hun herre over sin krop?
Var hun herre over sine drømme?

Naturligere end livet
Er kvinderne herude
De baner vejen for henrykkelsen
Og når de får ordet
Lytter hele nationen
Hvad ejede Dua i Kurdistan?

Jeg saluterer Jesus

I Københavns Botaniske Have
Føler stenene sig skamfulde
Og de siger gennem tavshedens sprog:

Måtte stenkasterne,
Der bor langt bort fra ordene,
Ude hvor kragerne vender,
Finde sig en anden nationalsport

Jeg saluterer Jesus
Der rensede ordene for sten
Og jog dens uhyggelige skygger bort
fra mennesket

Jeg saluterer Jesus
Der ikke slettede sin egen forsyndelse
Fra spejlet af sin religion

Jeg saluterer Jesus
Der ikke hævede sig over andres fejltrin
I sin fine filosofi

Hvor godt at livet er levende

Så religionen kan overgå alle stenene
Så religionen kan overgå
Alle tænder og forbandelser
Så religionen kan overleve i sin goldhed
Så religionen kan skjule sine sten bag sit smil
Så religionen kan blande sine disciple
Sammen som giftdråber
Hvor godt at livet åbner
Sine egne vinduer mod himlen og jorden
Hvor godt at livet er levende!

Duas gråd

Efter at have hvilet sig i døden
Vil Dua græde inderligt over
Sin klans uvæsen
Hun vil gøre alt for at forstå
Deres sten og fortielser
Så vil hun vende tilbage
Til sin stamme med tusinder af vinger
*
Dua vil omsider
Opfostre sin stamme ligesom en mor
Dua vil omsider bære sin stamme
Over sine knuste skuldre hen mod byer

Den blide foragt

Under Duas sønderknusning
Indså jeg hvordan foragt bliver dejlig blid
Og hvordan hjertet blandes med udslettelse

Under Duas sønderknusning
Så jeg hvordan, døden pressede sit
Dragende ansigt mod ordenes rude

Under Duas sønderknusning
Blev jeg bekendt med dundrende vrede

Nu da du er død

Nu da du er død, må døden ikke dø
Nu da du er død, må livet leve længere
Du har forandret livet og døden, Dua

Døden kan ikke være den samme med dig
Livet kan ikke være det sammen uden dig
Du har forandret stenens betydning, Dua
Du har forandret menneskets betydning, Dua

Jeg kunne ikke undgå at dø

Mit dejlige land!
Du må undskylde
At jeg vædede dit navn med blod

Du må undskylde
At jeg stillede dit navn lige med stenene
På anden vis kunne det jo ikke dø!

Mit yndige land!
Du må undskylde
At jeg bragte skam over dig
At jeg satte dig i kattepine

Jeg kunne ikke gøre for det
Jeg kunne ikke undgå at dø!

Noter:

Nogle ord om Dua:
Dua Khalil Aswad, en blot 17 årig kurdisk Yazidi pige, blev den
17. april 2007 slæbt hen mod Bashikas plads af sine mandlige
familie- og klanmedlemmer, hvor hun omringet af hundredvis af
mandlige tilskuere, blev hånet, sparket og stenet til døde på den
mest utænkelige bestialske måde.

Hvad var så Duas forbrydelse?
Hendes forbrydelse bestod i at hun havde trodset sin klans skik
og indledt et kærlighedsforhold med en mand, som tilhørte en
anden stamme og en anden trosretning - en muslim. Under
steningen havde man delvis afklædt hende for at skamskænde
hende så meget som muligt. Tilskuerne stod og filmede
tragedien med deres mobiltelefoner, som om de så et
steningcirkusshow. Selv politiet så passivt til. I løbet af
steningen forsøgte Dua flere gange at rejse sig, og hver gang
blev hun kastet voldsomt tilbage på jorden af knytnæveslag og
spark og sten. Til sidst da hun lå næsten livløs på jorden, kastede
en mand en dræbende betonblok på hovedet af hende for at
fuldende deres hellige mission. Hendes lig blev siden bundet til

en bil og trukket igennem gaderne i Bashika for at alle kunne se hvad der sker med en kvinde, der sætter sig op imod stammens værdier.

Der gik en chokbølge gennem verden, da filmen af Duas stening gik viralt på internettet og ryddede forsiderne. Hvordan er det muligt, at en pige bliver udsat for et så brutalt drab i vor tid blot for at have forelsket sig i en mand?

Det såkaldte æresdrab er ret udbredt i de kurdisk beboede områder, hvis kultur er stærkt præget af stammeværdier og klantraditioner. Der hersker nærmest en epidemi af æresdrab i de områder. I sådan en patriarkalsk kultur har kvinden ingen reel mulighed for at udfolde sig. Hun bliver betragtet som mandens ejendom, hans ære, og hendes sociale adfærd sættes konstant under lup. Det er som om kvinden færdes på mineret jord, for den mindste mistanke om udsvævelse, at hun har trådt ved siden af og har krænket familiens ære, kan føre til drab. Ikke alene yder loven ingen beskyttelse af kvinder; den giver også lovhjemmel til vold mod dem, for den betragter kvinden som værende mandens ejendom og ære.

Det er netop derfor, at sådanne drab ikke bliver efterforsket, og hvis drabsmændene bliver anholdt, så vil de blive løsladt efter nogle dage og vende tilbage som helte til lokalsamfundet. Det skal dog understreges, at selv mændene på en måde er ofre for denne urgamle patriarkalske og primitive kultur, der tvinger dem til at udføre sådanne ugerninger. Det berettes, at Duas lig senere blev gravet op og sendt til retsmedicinen. Dette var ikke for at undersøge de påførte kvæstelser og klarlægge dødsårsagen, men for at tjekke, om hun var jomfru.

De særlige omstændigheder, der adskilte Duas stening fra lignende forbrydelser og vakte verdenssamfundets bevågenhed er således?

- Dua blev ikke likvideret hemmeligt, men ved højlys dag, hun blev slæbt til Bashikas plads og stenet til døde.
- Ikke alene deltog familiens og slægtens mandlige medlemmer i steningen, men også klanmedlemmerne. Det var som om en hel landsby gik løs på hende.
- Selv hendes lig blev skændet og udsat for usømmelig omgang.
- Steningen blev dokumenteret af adskillige mobilkameraer.

Optagelserne af Duas barbariske stening, som blev delvis udsendt fra store tv-stationer, bragte steningens hjerteskærende scener ud til dagligstuerne verden over, og vakte stor afsky over hele kloden. .
Det er værd at bemærke, at Duas tragedie og alle dens aspekter, og især dens katastrofale følger for yazidierne endnu ikke blevet grundigt undersøgt.

Duas stening
Oversat og gendigtet fra persisk
af forfatteren efter ”سنگسار دعا”

Reza Farmand (f. 1956, Iran), den iransk-danske digter og kritiker har læst samfundsfag i Indien og engelsk på Københavns Universitet. Farmand har udgivet en lang række digtsamlinger på tryk eller online på persisk og dansk, blandt andet om Grønland og Paris. Følgende digtsamlinger foreligger på dansk: ”Parisiske digte”, ”Polardigte”, ”Duas stening” og ”Min mor blev ikke smuk”.
Et gennemgående tema i Farmands forfatterskab er feminisme, hvilket blandt andet kan ses i digtsamlingerne "Duas stening" og ”Min mor blev ikke smuk”. Sidstnævnte findes også som videodigt, og er oversat til adskillige sprog